L'ACCROISSEMENT

DES

IES ANCIENNES

UX ARCHIVES DE LA SEINE

de 1889 à 1896

ÉTAT SOMMAIRE

RÉDIGÉ

Par MARIUS BARROUX

ARCHIVISTE–ADJOINT DE LA SEINE

SAINT DENIS

IMPRIMERIE H. BOUILLANT

20, RUE DE PARIS, 20

—

1896

L'ACCROISSEMENT

DES SÉRIES ANCIENNES

AUX ARCHIVES DE LA SEINE

de 1889 à 1896

Extrait de la *Correspondance historique et archéologique*
(Année 1896)

L'ACCROISSEMENT

DES

SÉRIES ANCIENNES

AUX ARCHIVES DE LA SEINE

de 1889 à 1896

ÉTAT SOMMAIRE

RÉDIGÉ

Par Marius BARROUX

ARCHIVISTE-ADJOINT DE LA SEINE

❈

SAINT-DENIS

IMPRIMERIE H. BOUILLANT

20, RUE DE PARIS, 20

1896

L'ACCROISSEMENT
DES SÉRIES ANCIENNES
AUX ARCHIVES DE LA SEINE
de 1889 à 1896

ÉTAT SOMMAIRE

Les documents inventoriés dans cet état sommaire (1) sont entrés aux Archives de la Seine par versements administratifs, dons ou achats (2).

On entend ici par séries anciennes les séries des fonds de l'ancien régime et du régime révolutionnaire de 1789 à l'an VIII.

Bien que le présent état soit celui des séries anciennes, on a cru devoir mentionner accessoirement ceux des documents de la période préfectorale qui ont été donnés ou achetés.

On a de plus indiqué en note les publications non rétrospectives conservées dans la bibliothèque, qui sont des documents d'archives ou qui paraissent étroitement complémentaires de ces documents.   MARIUS BARROUX.

(1) On a seulement rappelé dans des notes les fonds dont l'acquisition, faite depuis 1889, a été antérieurement signalée au public : fonds judiciaires, archives des domaines, collection Lazare-Montassier; l'état ne comprend pas non plus les documents qui ont pu prendre place dans le fascicule de l'inventaire publié en 1892.

(2) Dans ces deux derniers cas, ils portent un numéro d'acquisition qui prévient de leur origine. Les donateurs ont été MM. Asse, Barroux, Cortilliot, Coyecque, Duval, Lamouroux, Lazard, Le Lorier, Lépine, Mathias, Mazerolle et Suremont, auxquels il convient d'ajouter les communes de Bagneux, de Bonneuil, de Boulogne, de Bourg-la-Reine, du Bourget, de Châtillon, de Drancy, de Fontenay-aux-Roses, de Gentilly, d'Ivry et de Rosny, les Archives de la Côte-d'Or et celles de Saône-et-Loire, le Service cartographique de la guerre et la Chalcographie du Louvre. Enfin, un premier lot d'affiches électorales a été donné par la Préfecture de police.

DÉPARTEMENT. — ANCIEN RÉGIME

1. (A1) **Collections législatives**. — 1 registre.
1667. Procès-verbal des conférences ayant eu lieu pour la rédaction de l'ordonnance du mois d'avril relative à la réformation de la justice (386 f., in-f°).

2. (A2) **Domaine royal** (1). — 3 pièces parch., 1 impr.
1414-1692. Organisation et comptabilité du domaine royal dans la ville de Paris : pièces concernant Notre-Dame (1414), la Sainte-Chapelle (1414), etc.

3. (A2) **Maison du roi**. — 1 pièce parch.
1775. Organisation : pièce concernant la Chambre aux deniers.

4. (B1) **Parlement de Paris**. — 1 pièce parch., 1 pap., 5 impr.
1644-1789. Organisation et fonctionnement, officiers de la juridiction.

5. (B1) id. — 4 pièces parch., 79 pap.
1536-1771. Papiers L'Estoile (président) : mandement de François Ier du 14 août 1536 relatif à un procès entre les sieurs de Blanchefort et de Beaujeu (2); papiers Revol (conseiller) : procédures relatives aux chantiers du port Saint-Bernard loués par l'abbaye St-Victor (79 p.); papiers Lefèvre et Momet (avocats).

6. (B2) **Prévôté de Paris**. — 2 pièces parch., 15 impr.
1711-91. Organisation et fonctionnement du Châtelet : cartes de la prévôté (quatre), officiers de la juridiction.

7. (B2) id. — 11 pièces parch., 2 pap., 4 impr.
1319-1790. Actes, sentences, vidimus du Châtelet : concernant l'abbaye de Montmartre (1319), le gouvernement de Navarre (mandement de Philippe V de 1320), des particuliers (actes de Charles V de 1368 et de Charles VI

---

(1) Voir pour le versement de la direction départementale des Domaines, qui intéresse les séries A, B, E, G, H, Q, R : Les Archives anciennes des domaines de la Seine aux Archives départementales par E. Coyecque, Saint-Denis, 1894, in-8 (extr. de la *Correspondance historique*).

(2) Ce mandement n'est pas mentionné dans le catalogue des actes de François Ier publié par l'Académie des Sciences morales et politiques.

de 1385, acte de 1408), St-Germain l'Auxerrois (1429 et 1497), Jean Bureau, prévôt des marchands (1451 n. st.), la fabrique de St-Eustache et le marais des Porcherons (1513), l'hôpital du St-Esprit-en-Grève (1547), les entrepreneurs du pavé de Paris (1725), etc.

8. (B2) id. — 5 pièces impr.

1789. « Ordonnances » de la prévôté : « Ordonnance pour la convocation des trois états de la ville et faubourgs de Paris du mercredi 15 avril 1789 » *, 1789, in-4, 23 p. (1) ; etc.

9. (B2) id. — 1 pièce parch., 1 pap., 16 impr.

1452-1790. Correspondance de la prévôté : requête du monastère des Feuillants, arrêts de condamnation, convocation des États généraux de 1789 (lettre du roi du 27 avril suivie, p. 3, du règlement du 28 mars ; Paris, 1789, in-8, 8 p. * ; supplément à la liste des électeurs de l'ordre du clergé * ; etc.) ; adjudication à Thiais ; etc.

10. (B2) id. — 1 pièce parch., 11 pap., 40 impr.

1540-1790. Ordonnances, sentences, jugements et affaires diverses de la Lieutenance de police, concernant : la Butte de Chaumont et Belleville (ordonnances de 1778), Montreuil (ordonnance de 1780), l'ordre public en avril 1789 (arrêt du Parlement pour l'exécution de l'ordonnance du 17 avril *), la police des Halles (sentences) ; — la Bastille (mandement de François Ier du 12 avril 1540 (2), interrogatoire d'un chirurgien accusé de magie, lettre adressée au gouverneur pour le supplier de laisser voir Voltaire détenu à un conseiller au Parlement, 1726), l'organisation générale de la police à Paris au XVIe siècle, les chapitres de St-Jacques de l'Hôpital et de St-Étienne des Grées (1718), les spectacles d'Audinot et de Nicolet (1771), des « comédiens italiens ordinaires du roi » (supplique adressée entre 1780 et 1788 au maréchal de Richelieu), de l'Ambigu et des Variétés, le Colysée (1773-75) (3), les cimetières (« Mémoire sur les sépultures », 1778), le monument de Ste-Geneviève (1784), les Halles (1785), etc.

1) On a signalé et marqué d'un astérisque les principaux imprimés de l'époque révolutionnaire dont la mention n'a pu figurer dans la savante Bibliographie de M. Tourneux, ou n'y figure que d'après des exemplaires moins complets ou ceux du British Museum.

(2) Voir note 2 de la page 6.

(3) Réfutation pour la compagnie des propriétaires du Colysée...., Paris (1776, in-4).

11. (B2) id. — 1 pièce parch., 1 impr.
1677-1715. Papiers Clersin (commissaire) et Bernier (procureur).

12. (B2). **Juridictions seigneuriales.** — 4 pièces parch.
1489-1764. Prévôté de Gentilly (sentence en matière de voirie);
 bailliage du For aux Dames de Montmartre (nomination
 de bailli); juridiction de St-Benoît (procédure); prévôté
 de Suresnes appartenant à St-Germain-des-Prés (acte
 concernant N. Regnauld, sculpteur du roi, 1655).

13. (B3) **Cour des comptes de Paris.** — 1 pièce pap.
XVIIIᵉ siècle. Organisation : « Diverses formules d'actes qui
 s'expédient à la Chambre des comptes de Paris » (cahier
 de 12 p. et 58 f.).

14. (B3) id. — 19 pièces parch., 1 pap.
1525-1771. Papiers Gontier, président (actes de François Iᵉʳ
 du 2 juin 1525 (1) et du 9 oct. 1546, de Henri II, 1576,
 de Louis XIV, 1649, 58, 67 et 77, papiers Le Tellier, etc.).

15. (B4) **Cour des aides de Paris.** — 3 registres.
1601-1775. « Table des délibérations de la Cour des aides par
 M. Mariette, conseiller », ou « Extrait des feuilles secrètes »
 authentiquées par les présidents en 1776-77 après l'in-
 cendie du Palais de Justice (816, 592 et env. 500 p. in-fº).

16. (B4) id. — 6 pièces parch.
1633-1715. Papiers Le Haguais et Ravot d'Ombreval (avocats
 généraux) : acte de Louis XIV (1687), etc.

17. (B5) **Cour des monnaies de Paris.** — 1 pièce parch.
1710. Papiers Boula (contrôleur).

18. (B6) **Maîtrise des eaux et forêts de Paris.** — 2 pièces
 impr.
1705-42. Plan du bois de Boulogne par N. de Fer; règlements relatifs à la Bièvre (2).

---

(1) Voir note 2 de la page 6.
(2) Sur le fonds de la juridiction consulaire (B6) et du tribunal de commerce (8000 registres et 3000 cartons), comme aussi sur les documents
acquis jusqu'en 1889 et particulièrement depuis 1886, voir : Langlois et
Stein, Les Archives de l'histoire de France (1891) et Rapport présenté au
Conseil général de la Seine par M. Alfred Lamouroux sur la situation
des Archives (1892).

19. (C) **Gouvernement de l'Ile-de-France.** — 1 pièce
parch., 18 impr.

1601-1788. Papiers Mayenne : Rôle de la montre et revue faite
à Paris d'une compagnie de 100 hommes d'armes des
ordonnances du roi appartenant à Charles de Lorraine,
gouverneur de l'Ile-de-France, 1601 (9 f.); cartes du gouvernement (18).

20. (C 1) **Intendance et généralité de Paris.** — 34 pièces
impr.

1598-1789. Politique, divisions administratives, finances, travaux : cartes de la généralité de Paris (deux), de l'Ile-de-
France (de 1598 à 1679, 12 cartes et atlas des principales
villes de la province), des environs de Paris (carte
De la Grive en 9 f., carte La Pointe en 9 f., carte des
chasses du roi sous Louis XV en 6 f., etc.); ordonnance de
l'intendant relative au canal de l'Yvette, etc. (1).

21. (C 2) **Subdélégation de Choisy.** — 1 pièce pap.
1778. Procès-verbal d'arpentage de la paroisse de Boulogne.

22. (C 2) **Élection de Paris.** — 1 pièce parch., 16 impr.,
1 reg.

1358-1788. Comptabilité, impôts : mandement de Charles V,
régent, aux élus de Paris pour le paiement des gens d'armes
(1358 n. st.), actes enregistrés relatifs aux notaires, à
l'Hôpital général et au faubourg du Roule, sentence de
l'élection, commerce des vins, rôle de la taille et impositions accessoires de la paroisse d'Ivry (1788, in-f°), etc.

23. (C 2) id. — 1 pièce impr.
1726 (env.). — Papiers Taxis (receveur de l'élection) : requête
à la Cour des Aides.

24. (C 2) **Autres subdivisions financières.** — 11 pièces
parch., 10 pap., 1 impr.

1411-1788 Recette générale des aides : pièces concernant le
paiement du comte de Saint-Paul et de ses gens d'armes
établis pour la garde du roi, du duc de Guyenne et de la
Ville de Paris, et le remboursement d'obligations contrac-

----

(1) L'anti-financier ou relevé de quelques-unes des malversations dont
se rendent journellement coupables les fermiers généraux.... (Amsterdam,
1763, in-8).

tées par le roi envers des marchands parisiens (1411-12); recettes de Paris (quittance d'un archer; cure de St-Sulpice, etc.), du trésor royal (prisonniers de Paris, etc.), des entrées de Paris, etc.

25. (C 3) **Bureau des finances de la généralité de Paris.** — 3 pièces parch., 1 pap., 13 impr.

1588-1789. Comptabilité, domaines, voirie : acte de Louis XV contenant nomination de gouverneur du château de Vincennes (1747), actes enregistrés concernant les prisons de St-Éloi et de St-Martin, ordonnances du Bureau et de la Chambre du Domaine concernant l'église St-Michel, permission de voirie (1655), etc.

26. (C 4) **Assemblée provinciale de l'Ile-de-France.** — 4 pièces impr.

1787-88. Organisation générale : règlement du 8 juillet 1787 instruction du département de Corbeil, etc.

27. (D 1) **Université de Paris.** — 2 pièces parch.

1419-1570. Vidimus d'une charte de l'Université relative à l'exemption de péage dont doit jouir pour ses vins un étudiant, curé de Liancourt (1419); diplôme (1570).

28. (D2) **Facultés de Paris.** — 2 pièces parch., 1 pap., 1 reg.

1702-89. Facultés de droit et de médecine : examens; projets de reconstruction de l'École de médecine par feu M. Fagon et projets du doyen Baron (1753, 1 mémoire et 25 planches, obl.).

29. (D. 3) **Collèges de Paris.** — 3 pièces impr.

1763-80. Lettres patentes et arrêt concernant les collèges de l'Ave-Maria, de Louis-le-Grand et des Frères Prêcheurs de la rue St-Jacques.

30. (E 1) **Titres féodaux.** — 1 pièce parch., 13 pap.

1606-1776. Seigneurie d'Arcueil : titres et procédures concernant le prieuré de St-Denis de l'Estrée, le seigneur de Maisse, le prince de Condé (1660), le comte de Refuge, la comtesse d'Artois, mémoire des terres dépendant du château d'Arcueil, etc.

31. (E 1) id. — 1 pièce pap.

1775. Seigneurie de Bagneux : procès-verbal d'arpentage.

32. (E 1) id. — 1 pièce pap.

1748. Seigneurie de Charentonneau : inventaire de ses titres remontant à 1284 (180 p.).

33. (E 1) id. — 5 pièces parch., 3 pap.

1621-1788. Seigneuries de Clignancourt, de Maisons-sur-Seine, de Passy et du Plessis-Piquet, fiefs d'Isjonval à Clamart et de Saint-Paul à Passy : acte de Charles IX concédant tous droits de justice à Passy à Henri de Savoie (1572), acte de Louis XVI concernant le sieur Quatremère d'Isjonval (1788), titres intéressant le comte d'Amanzé, Colbert, etc.

34. (E 1) id. — 2 pièces pap.

1667-1743. Plans de la seigneurie de Vaugirard-Issy.

35. (E 2) **Titres de famille.** — 56 pièces parch., 12 pap., 1 impr.

1418-1788. Papiers de Beaumanoir, de Choiseul, Gabelin (trésorier des menus plaisirs et affaires de la Chambre du roi, 1675, 33 p. : reçus de leurs gages donnés par le « maître de la grammaire des pages de la musique », les joueurs de violon, etc.), P. Hardy (sculpteur du roi), de Ligne, etc.

36. (E 3) **Notaires.** — 10 pièces parch., 61 pap.

1442-1757. Études de Paris (minutes notariées et papiers personnels de notaires) : vente par le sieur Seguier d'un terrain sis près du cimetière des Innocents (1457), inventaire après décès d'un cordonnier (1484, rouleau de 2ᵐ20), quittances de la grande duchesse de Toscane, estimation par l'architecte Gabriel, location par le duc de Mazarin d'une maison attenant au Palais-Mazarin, papiers Lefèvre (37 p.), adjudication de la ferme des gabelles, etc.

37. (E 3) **Tabellions**. — 17 pièces pap.

1596-1729. Tabellionage d'Arcueil.

38. (E 3) id. — 41 pièces parch., 1 pap.

1540 (n. st.)-1687. Tabellionage de Vitry.

39. (E 4) **Communes** (1). — 1 pièce parch.

1688. Arcueil : Voirie (maisons).

---

(1) Les documents cédés par les communes ont été, quand ils ne faisaient pas nécessairement partie intégrante de leur fonds d'archives, rattachés ici aux séries autres que les séries E4, LIV ou O* de manière à représenter ou compléter, s'il y avait lieu, les fonds qui rentrent dans le cadre des Archives de la Seine.

40. (E 4) id. — 1 pièce pap.

XVIIIᵉ-s. Bagneux : bâtiments (halle).

41. (E 4) id. — 1 pièce pap., 1 impr.

1783-88. Bagnolet : impôts et police.

42. (E 4) id. — 2 pièces parch., 18 pap.

1320-1783. Boulogne : organisation générale (érection en paroisse ; « relevé de la carte de la paroisse », fait par ordre de l'abbesse de Montmartre en 1770, cahier; tableau du terrier à faire, cahier) ; délibérations ; propriétés ; voirie.

43. (E 4) id. — 15 pièces parch.

XVIIᵒ-XVIIIᵉ siècles. Bourg-la-Reine : justice (procédures).

44. (E 4) id. 3 pièces parch.

1786-88. Choisy-le-Roi : voirie (terrains : acte de Louis XVI, etc.).

45. (E 4) id. — 1 pièce impr.

1731. Fontenay-sous-Bois : agriculture.

46. (E 4) id. — 7 pièces parch., 1 pap.

1596-1780. Issy : eaux et voirie (terrains).

47. (E 4) id. — 3 pièces parch., 2 pap.

1562-1778. Ivry, Montrouge, Saint-Denis, Saint-Mandé : voirie (terrains).

48. (E 4) id. — 1 pièce pap.

1677. Sceaux : contrat relatif au marché appartenant à Colbert.

49. (E 4) id. — 2 pièces parch., 2 pap., 1 impr.

1571-1766. Thiais, Vanves : voirie (terrains).

50. (E 4) id. — 44 pièces parch., 1 pap.

1431-XVIIIᵉ siècle. Vitry-sur-Seine : voirie (baux de terrains intéressant l'abbaye de la Saulsaye, les chapitres de Paris et de St-Marcel, le couvent de Ste-Croix-de-la-Bretonnerie et principalement le prieuré de St-Éloi).

51. (E 5) **Corporations.** — 4 pièces parch., 4 pap., 27 impr.

1595-1785. Statuts et règlements, impositions des maîtres charcutiers en 1785, brevets d'apprentissage de ciseleur, acte de réception de marchand drapier, communauté des maîtres-écrivains, etc. (1).

(1) Statuts anciens et nouveaux... concernant la communauté des maîtres charcutiers... (Paris, 1736, in-4). — Ordonnances, statuts, règlements et arrêts concernant le métier des maîtres maçons, tailleurs de pierres... (Paris, 1629, in-8).

52. (E 6) **Confréries.** — 1 registre.

1593-1603. Confrérie de Sainte-Geneviève : règlement des porteurs de la châsse en date de 1525, liste des « descentes »
de la châsse de 1534 à 1603, liste des porteurs et « atten-
dants » en 1593-1603 et de ceux qui sont trépassés, notes
sur la confection de la châsse, « pardons et indulgences
pour les porteurs, « oraison de Madame Sainte-Geneviève » (reg. de 25 f. in-4 daté de 1593, avec additions jusqu'en 1603, et ayant appartenu à un porteur du nom de
Cossart; 2 miniatures et 5 gravures).

53. (G1) **Archevêché de Paris.** — 3 pièces pap., 10 impr.

1686-1789. Actes et documents spirituels : règlement pour
l'honoraire des curés et des ecclésiastiques de la ville et
faubourgs de Paris (1693), procès-verbal de l'Assemblée
provinciale de 1699, requête des curés concernant le droit
de confesser (1729), mandement qui ordonne des prières
publiques pour les États généraux (1789), cartes des diocèse, prévôté et élection de Paris, etc.

54. (G1) id. — 2 pièces parch., 3 pap., 2 impr.

1351 (n. st.). - xviii⁰ s. Droits et domaines. — Pièce concernant un curé de Colombes (1415 n. st.), lettres de Louis XIV
relatives à l'indemnité due à l'archevêque pour suppression de ses justices seigneuriales (1675), pièces intéressant
la communauté des religieuses du St-Sacrement du faubourg St-Germain et les Célestins, mémoire des fermiers
de l'archevêché touchant la directe et censive de l'archevêque, où il est question des fortifications de Philippe-
Auguste et où figurent un plan des environs de l'hôtel de
Soissons et un projet de place à ouvrir en face de St-Eustache (xviii⁰ s.; 77 p.), etc.

55. (G1) id. — 1 pièce parch., 34 pièces ou cahiers pap.,
4 impr.

1577-1746. Comptabilité : comptes, particulièrement des déci-
mes du diocèse au xvii⁰ siècle.

56. (G1) id. — 1 pièce parch.

1564. Papiers Collot (grand vicaire).

57. (G2) **Officialité de Paris.** — 4 pièces parch.

1303-41. Documents administratifs. Vidimus : acte de Philippe le Bel concernant les Hospitaliers et les Trinitaires
(s. d.), dons à St-Germain l'Auxerrois (1341), etc.

58. (G3) **Chapitre métropolitain**. — 1 pièce parch.
1688. Lettres de provision d'un chanoine de l'église de Paris
(Bochart de Saron).

59. (G7) **Séminaires**. — 1 pièce parch.
1742. Séminaire des Missions étrangères : rentes.

60. (G8) **Églises collégiales**. — 3 pièces parch.
1436-1718. Chapitre de St-Germain l'Auxerrois : droits.

61. (G9) **Paroisses et fabriques de Paris**. — 5 pièces
parch., 6 pap., 7 impr., 2 reg.
1354 (n. st.). -1788. La Madeleine de la Ville l'Evêque, St-Bar-
thélemy en la Cité (journal du curé du xvıe siècle Jean de
la Fosse, copie du xixe s., in-fo), St-Germain-l'Auxerrois,
Saints-Innocents (procédure relative au droit d'inhuma-
tion dans le cimetière de l'église et contenant un mandement de Charles V, 1372; lettres d'indulgence, 1478),
St-Jean-en-Grève (fragment de manuscrit orné du
xive siècle relatif aux lampes et cierges que les marguil-
liers doivent fournir, règlement des droits de mariage et
convois), St-Louis-en-l'Ile (compte de la fabrique,
1788, in-fo), Ste-Madeleine-en-la-Cité (procès entre le curé
et la fabrique), Ste-Marguerite, St-Martial, St-Paul,
St-Sulpice (permissions pour le carême).

62. (G9) **Autres paroisses et fabriques**.— 17 pièces parch.,
289 pap.
1573-1789. Bagneux (rentes de la fabrique), Bonneuil, Boulogne (construction de l'école, mandement de Louis XV
de 1734, inventaire des papiers de la fabrique), Drancy
(lettres au curé, extraits de registres paroissiaux et autres
pièces relatives à des mariages, xviiıe s., 200 p.; etc.)
Fontenay-aux-Roses, Gentilly, Issy (affaire de la fondation
N. Beaujon), Ivry (compte de la fabrique, 1787), Le
Bourget.

63. (G10) **Chapelles**. — 1 pièce parch., 1 impr.
1456-1584. Sainte-Chapelle de Paris : « Compte de la recette et
dépense des rentes et revenus » appartenant dans le bailliage de Caen aux trésorier et chanoines de la Sainte-Chapelle, 1456-57 (20 p.); acte concernant ses privilèges.

64. (H1) **Ordres religieux d'hommes**. — 1 pièce parch.,
2 pap., 6 impr.

1612-1763. Abbayes et autres maisons sises à Paris : Ste-Geneviève, St-Germain-des-Prés ; — Augustins, Dominicains
ou Jacobins du faubourg St-Germain (et congrégation de
St-Louis), Jésuites (leurs propriétés), prieuré de Ste-
Catherine du Val des Écoliers.

65. (H1) id. — 11 pièces parch., 1 pap.

1112-1661. Abbaye de St-Denis : titres de propriété et actes
relatifs à ses droits (5 actes du xiiᵉ siècle, 1 de 1212,
1 de 1387, 1 de 1458, 3 du xviiᵉ siècle, concernant les
archevêques de Sens et de Rouen, l'évêque de Troyes, les
églises de St-Denis-de-l'Estrée, de St-Paul et de St-Jean
St-Jacques à Saint-Denis, des églises de Seine-et-Oise, de
Seine-et-Marne et de l'Aube, et l'Hôtel-Dieu de Saint-
Denis; avec sceaux). — Feuillants du Plessis-Piquet : titre
relatif à Clamart (1637).

66. (H2) **Ordres religieux de femmes.** — 8 pièces parch.,
232 pap., 7 impr., 7 reg.

1529-1787. Abbayes et autres maisons sises à Paris : Corde-
lières, Montmartre, Récollettes, St-Antoine, Val-de-Grâce ;
Annonciades de Popincourt (228 pièces concernant statuts, propriétés, droits, église St-Paul, St-Mandé, etc. ;
7 reg., dont 4 in-fᵒ, de recettes et dépenses, de 1632 à
1782), Calvaire du Marais, Carmélites, Feuillantines,
Filles-Dieu, Notre-Dame-de-Miséricorde, Picpus, St-Sé-
pulcre, Ste-Élisabeth (reg. de vêtures et élections et de
redditions de comptes, 1721-78, 27 + 12 f. et 1 pièce,
1643), Ste-Marguerite.

67. (H2) id. — 1 reg.

1783. Carmélites de Saint-Denis : « Relation de la suppression
des religieuses Carmélites de Bruxelles et de leur transla-
tion dans le monastère des Carmélites de Saint-Denis en
France » (83 p.).

68. (H4) **Hôpitaux.** — 9 pièces parch., 20 pap., 3 impr.

1346-1791. Établissements hospitaliers de Paris. Administration générale, domaines, comptes et personnel : Hôtel-
Dieu (1399-1776, pièces concernant Villeparisis, la prin-
cesse de Montauban, etc.), hôpital des Cent-filles de
Notre-Dame-de-Miséricorde, Enfants trouvés (déclaration
faite par l'archevêque et les sieurs Molé et Joly de Fleury,
administrateurs, que leur caisse est menacée d'un déficit

annuel de plus de 300 000 l., 1763; pièce concernant
l'hôpital St-Jacques, etc.), Filles de la Charité du faubourg
St-Lazare, Hôpital général et La Pitié, Incurables, Quinze-
Vingts (mandement de Philippe VI relatif à l'agrandisse-
ment de l'hôtel des Aveugles, 1346, etc.), St-Lazare,
Ste-Catherine (refus de sacrements), Ste-Pélagie, La Tri-
nité (contrats d'apprentissage, comptes de la confrérie du
St-Sacrement).

69. (H4) id. — 7 boites ou cartons.
XIIIᵉ-XVIᵉ siècle. Copies de documents et notes prises par
M. Coyecque et concernant l'histoire de l'Hôtel-Dieu de
Paris.

70. (H4) id. — 2 pièces pap.
1671-1756. La Charité de Charenton (signification de sentence
d'interdiction) et La Charité de Gentilly (requête).

DÉPARTEMENT

PÉRIODE RÉVOLUTIONNAIRE

71. (LI) **Département**. — 24 pièces impr.
1789-an VII. Lois.

72. (LI) id. — 4 cartons.
1793-an II. Décrets de la Convention (1).

73. (LI) id. — 22 pièces pap., 5 impr.
1791-an VIII. Procès-verbaux des séances de l'administration
départementale : « Arrêté du conseil du département sur
les événements du 20 juin 1792 » * (4 p. in-8); etc.

74. (LI) id. — 3 pièces pap., 11 impr.
1789-an VII. Organisation et personnel : compte rendu de
leur gestion par les administrateurs du département

(1) Bulletin de l'Assemblée nationale (1792-an III).

(an VII), cartes du département (5) et des environs de Paris (2) (1).

75. (LI) id. — 1 pièce pap., 15 impr.

1790-an VI. Élections : pièces relatives à l'organisation des opérations électorales en 1790 *, etc. (2).

76. (LI) id. — 1 pièce pap., 17 impr.

1790-an VIII. Police : mœurs, journaux; émigrés et suspects; cérémonies (3).

77. (LI) id. — 1 pièce pap., 5 impr.

[1791]-an V. Agriculture (école d'Alfort et épizooties) et commerce.

78. (LI) id. — 4 pièces impr.

1791-an II. Événements politiques de 1791, de 1792, de 1793 et de l'an II : « Le Conseil révolutionnaire du département aux citoyens de Paris », affiche relative au renversement de la commission des Douze, s. d. *, etc. (4).

79. (LI) id. — 25 pièces pap.. 113 impr., 3 reg.

1786-an VIII. Finances et domaines nationaux : état des églises et chapelles de Paris appartenant à la Nation (1791), rapport de la commission municipale en réponse à l'arrêté du département du 15 mars 1792 (67 p. in-8), déclarations de biens d'émigrés, 1792-an III (3 sommiers en 2 reg. in-f°), sommier des amendes de la police correctionnelle à Paris, 1792-an IV (in-f°), affiches de vente de biens nationaux concernant l'archevêque de Rohan, etc., (1793-an IV), lettre de Collot d'Herbois et de Saint-Just au nom de la section du faubourg Montmartre (an II), circulaires de l'enregistrement et des domaines, matrices et rôles de contributions pour Ivry et Le Bourget (5 cahiers), état de contribution foncière pour les domaines nationaux du Ier arrondissement (an VI), etc.

80. (LI) id. — 6 pièces pap., 3 impr.

(1) Cartes des environs de Paris par Dom Coutans et Piquet (an VIII).
(2) Extrait des registres de l'assemblée électorale du département de Paris séante à l'évêché métropolitain, du samedi 27 nov. 1790 (s. l. n. d., in-8, 284 p.). *
(3) Rapport sur les sépultures présenté à l'Administration centrale du département de la Seine par le citoyen Cambry (Paris, an VII, in-4°).
(4) Les crimes de sept membres des anciens comités de salut public et de sûreté générale..... par Laurent Lecointre..... (Maret, s. d., in-8, 1 f. et 244 p.). *

1791-an VI. Affaires militaires : félicitations adressées à la garde nationale (1792), correspondance de l'état-major général de la division de Paris, le 27 messidor an III, etc.

81. (LI) id. — 584 pièces pap., 2 impr.

1787-an VIII. Travaux publics : pièces relatives principalement au service des eaux et au pavage pendant le Directoire (pièces concernant les attributions du Bureau central, etc.).

82. (LI) id. — 3 pièces impr.

1791-an VIII. Instruction : écoles; adresse de Roland.

83. (LI) id. — 1 pièce pap., 7 impr.

1789-an VIII. Lettres, sciences et arts : rapport sur l'édifice de Ste-Geneviève (1791), mémoire du bureau de consultation pour les arts (1792), « projets de places et édifices à ériger » par Poyet, affiches des théâtres de Molière et du Vaudeville; etc.

84. (LI) id. — 2 pièces pap., 3 impr.

1790-an IV. Justice : organisation, procédures, listes de jurés.

85. (LI) id. — 2 pièces impr.

1791. Cultes : constitution civile, cure de St-Sulpice.

86. (LI) id. — 1 pièce parch., 20 pap., 1 impr.

1790-an IV. Bienfaisance : La Charité (dossier de la succession d'un religieux), Hospice national, Gymnase de bienfaisance.

87. (LI) id. — 3 pièces pap.

1791-an II. Papiers du procureur général syndic : domaines nationaux (lettre de Pache demandant qu'une partie du petit séminaire de St-Sulpice soit transformée en « maison d'arrestation »; police; travaux publics.

88. (LII) **Districts**. — 12 pièces pap., 5 impr.

1791-an III. Carte des districts, extraits des procès-verbaux de l'Assemblée électorale du district de Paris *, plan de la salle de vente des domaines nationaux à Bourg-la-Reine, réclamations de la municipalité de Bagneux en matière de finances et de biens nationaux, procès-verbal du district de Saint-Denis intéressant Boulogne et autres pièces relatives aux finances et biens nationaux; délimitations de Boulogne.

89. (LIII) **Cantons**. — 3 pièces pap., 2 impr.
1791-an VII. Cantons de Châtillon et de Sceaux : contributions; compte rendu de son administration par l'agent
municipal de Bourg-la-Reine.

90. (LIV) **Communes**. — 18 pièces pap.
1791-an IV. Bagneux : inventaire des archives (an IV); statistique (rôles du dénombrement); contributions ; biens nationaux; instruction.

91. (LIV) id. — 21 pièces pap.
1790-an VII. Boulogne : biens nationaux (église, abbayes de
Longchamp et de Saint-Denis); comptabilité (situation de
la commune); propriétés; cultes.

92. (LIV) id. — 8 pièces pap.
1791-an VIII. Bourg-la-Reine (contributions), Fontenay-aux-
Roses (affaires militaires et propriétés), Gentilly (affaires
militaires), Issy (police).

93. (LIV) id. — 125 pièces pap., 4 reg.
1791-an VIII. Ivry : contributions (états de section en 1791,
déclarations des propriétaires de la plaine d'Ivry, 1791-
an II, 4 reg., in-f°, etc.); police (passeports et acte concernant le marquis de Créqui).

94. (LIV) id. — 16 pièces pap., 2 reg.
1787-an VIII. Le Bourget : délibérations de la municipalité de
1787 à l'an IV (2 reg. in-f°); organisation générale; subsistances; contributions; affaires militaires; police (tribunaux); comptabilité; propriétés.

95. (LIV) id. — 2 pièces pap., 1 impr.
1790-an II. Rosny (propriétés et cultes), Sceaux (vœu pour
l'établissement d'un tribunal dans la commune).

96. (LIV) **Sociétés**. — 1 pièce pap., 3 impr.
1791-92. Société des Amis de la constitution ou Jacobins : dis-
cours original de Pache (s. d.), etc.

97. (LIV) id. — 1 registre.
1793-an III. Commune (générale) des Arts ou Société (popu-
laire et) républicaine des Arts : procès-verbaux des séances
(230 f. in-f° et 2 pièces).

DÉPARTEMENT

PÉRIODE PRÉFECTORALE

———

98. (K2) **Arrêtés du gouvernement, des préfets et du Conseil de Préfecture**. — 12 pièces pap., 7 impr.

An-8-1806. Inhumations, plantations des bois de Boulogne et de Vincennes, etc.

99. (M2-13) **Administration générale**. — 15 pièces pap., 240 impr.

An IX-1884. Élections (élections nationales de l'an IX : liste des notables; papiers Ternaux, député de Paris, 1808-32; 237 affiches des élections communales de 1881 et 1884), police (fêtes, 1848; comptabilité des jeux, 1820), commerce, événements politiques (rapport du gouverneur des Tuileries, 26 février 1848; liste originale des membres du gouvernement de la défense nationale, 31 octobre 1870) (1).

100. (O*) **Fonds des communes**. — 9 pièces pap.

An VIII-1807. Drancy : délibérations (3 p.), police (certificats et passeports, an VIII-an IX, cahier), voirie (arbres des routes).

101. (O*) id. — 15 pièces pap., 1 reg., 1 carton.

1790-1840. Ivry : garde nationale (reg. des délibérations, in-f°, 1790-1814), police (cartes de sûreté, an II-an XI ; passeports, an VIII-1840, carton).

102. (O*) id. — 1 pièce pap.

1810. Le Bourget : propriétés (plan d'un lieu-dit).

103. (O*) id. — 92 pièces pap.

1806-40. Rosny : cultes (comptes de la fabrique, notes sur les rentes faites à celle-ci depuis 1496).

104. (P2) **Contributions directes**. — 7 pièces pap.

An VIII-1824. Paiement.

(1) Bulletin de la République (1848).

105. (Q) **Domaines.** — 4 pièces pap.
An X-an XI. Rachat de rente.

106. (R1-6) **Affaires militaires.** — 1 pièce parch., 295 pap., 27 impr.

1814-71. Recrutement (lettre de l'archevêque de Paris), garde nationale (règlements et ordres du jour du 5 avril 1814, correspondance d'un chef de bataillon, 1814-16, 276 p., organisation de 1825, papiers Peyre, 1830-31, plan de défense du 4ᵉ arrondissement de Paris, 1848, etc.), guerres (lettre du général Daumesnil et projet, rédigé par Chabrol, d'une lettre à Talleyrand sur la nourriture des alliés à Paris, 1814; décision de Germain Casse, 1870).

107. (T2-8) **Instruction, sciences et arts.** — 5 pièces pap., 4 impr.

An X-1820. Instruction (lycée républicain : lettre d'un secrétaire du général Moreau), beaux-arts (projet de réunion du Louvre et des Tuileries en un seul palais, avec plan, 1809, etc.), théâtres (lettre sur le magasin des décors du Théâtre-Français an XI, procès-verbal du comité de l'Opéra-Comique, an XII, note d'Audinot sur l'histoire de l'Ambigu et sur les artistes qui en sont sortis, de 1820 environ, procédure relative au théâtre du Marais, requête des directeurs du théâtre de la Porte St-Martin).

108. (U1-4) **Tribunaux et papiers de famille** (1). — 1 pièce parch., 27 pap., 3 reg.

1740-1850. Tribunaux de police municipale et justices de paix (jugements du tribunal de police du IIIᵉ arrondissement, an IV-an VII, 2 reg. de 300 p. chacun, in-fᵒ, et plumitif de la justice de paix de la section Poissonnière, an III-an V, 200 f., in-fᵒ (2); instruction relative aux conciliations, an III), tribunal de commerce (2 p. relatives à la propriété de l'eau de mélisse des Carmes contenant arrêtés du Directoire du département, etc.), papiers Marat (acte concernant la famille de Marat et son inventaire après décès), de Maupassant (1837), de Montcrif (1790-an IV), Alexis Monteil (20 lettres, 1841-50) et Petit (an VII) (3).

(1) La lettre U a été affectée en partie à des séries de la période révolutionnaire.

(2) Ces registres avaient été déposés à la bibliothèque de la mairie du 2ᵉ arrondissement.

(3) Cf. note 2 de la p. 8. — Un dépôt fait par un greffe de justice de paix comprend des papiers de famille et des registres de commerçants des xviiiᵉ et

109. (V1) **Clergé catholique.** — 2 pièces pap.
1806-27. Archevêché de Paris : cure de la Madeleine (et couvent de l'Assomption), cure d'Arcueil.

110. (Y2) **Prisons.** — 1 pièce impr.
An 10. Rapport et projet présentés par le préfet sur les moyens
d'exécuter les lois relatives à l'établissement des prisons
et au classement des détenus (1).

⁓⁓⁓⁓

VILLE. — ANCIEN RÉGIME

111. (AA2) **Actes politiques de la Commune.** — 1 pièce
impr.
1751. Solennités : entrée de M. de Berkenroode.

112. (AA2) id. — 10 pièces impr.
1788-89. États généraux : lettre du roi au prévôt des marchands
pour la convocation, « Dernières observations pour la Ville
de Paris sur sa discussion avec le Châtelet... * » (s. l. n.
d., 7 p. in-8), « Articles pour les cahiers... par M. De
La Lande * » (s. l. n. d., 7 p. in-8), « Motion faite dans la
Chambre de la noblesse le 29 mai 1789 par un député
de la Ville de Paris * » (s. l. n. d., 16 p. in-8), « Avis aux
Parisiens par M. Linguet * » (s. l., 1789, 14 p. in-8), « Motion à faire insérer dans le cahier de la Ville de Paris »* (s.
l. n. d., 3 p. in-8), etc.

xix* siècles et entre autres les livres de commerce des frères Monneron
(1791-an V). Bien qu'il s'agisse en somme d'un versement, on croit devoir,
par exception, ajouter qu'on y trouve, pour le xixe siècle, la correspondance en 10 liasses de l'agence Favereau-Dezos qui s'occupait notamment
du sort des militaires disparus pendant les dernières guerres (vers 1815),
les papiers d'un archiviste du Puy-de-Dôme (vers 1845) et jusqu'à des
pièces relatives à l'approvisionnement de la maison de santé de Charenton
en 1832-33.
    (1) Trente registres anciens provenant des recettes des domaines du
département viennent d'entrer aux Archives pendant l'impression de cet
état

113. (BB) **Administration communale.** — 12 pièces impr.
1785-89. Ordonnances et arrêtés du Bureau de la Ville (1).

114. (BB) id. — 2 pièces pap., 5 impr.
1688-1758. Offices municipaux : règlements relatifs aux quar-
tiniers, gardes des archives, etc.; liste alphabétique des
officiers municipaux de la Ville de Paris (xiiie-xviiie siècle
cahier).

115. (BB). id. — 4 pièces pap.
1603-1757. Papiers du procureur du roi et de la Ville : personnel, justice, cultes.

116. (BB) id. — 80 pièces parch., 3 pap., 1 impr.
1422-1785. Papiers Sanguin (prévôt des marchands), Chauvin,
Dampmart (1422-26), Le Vieux (1631-1737, 76 pièces),
Lhommme et De la Voiepierre (échevins).

117. (CC1) **Impôts et octrois.** — 19 pièces impr.
1716-89. Règlements; pièces concernant le bourg de Chaillot,
le couvent de la Visitation à Chaillot ; état des appointe-
ments de chaque employé des entrées de Paris (1789,
15 p. in-4); etc.

118. (CC1) id. — 1 registre.
Liste de prêts forcés montant à la somme de 500,000 livres
faits à la royauté par les habitants de Paris sous la garantie
des biens de la reine, du roi de Navarre et du cardinal de
Lorraine du 7 août au 24 déc. 1562 (2) (le prévôt des marchands donne 262^l, le chapitre de l'église de Paris 2000^l,
Christophe de Harlay, président au Parlement, 300^l, le
cardinal de Lorraine 7500^l, le collège de Sorbonne 300^l,
la duchesse d'Étampes 1200^l, etc., généralement en vais-
selle d'argent ; 38 f., gr. in-8).

119. (CC2) **Comptabilité.** — 3 pièces parch., 3 pap., 38
impr.
1568-1789. Rentes et recettes : règlements; loteries, emprunts;
lettre de Fouquet relative à l'envoi d'une députation de
rentiers auprès de Mazarin (s. d.); constitutions de rentes;
tableaux des rentes perpétuelles et des rentes viagères de

(1) Arrêté de Messieurs les prévôt des marchands et échevins... sur un
réquisitoire du procureur du roi... (Lottin, 1789, in-8).
(2) Les registres du Bureau de la Ville ne font pas mention de cet
emprunt.

l'Hôtel de Ville (1789) ; prise à ferme du huitième du vin
vendu au détail dans le quartier de la Cité (1568); arrêt
concernant le couvent de la Visitation du faubourg
St-Jacques ; etc.

120. (CC2) id. — 1 reg. in-f., couv. maroq. rouge aux armes
du roi et de la Ville ; culs-de-lampe.

1783. « Compte au roi, 1778 à 1780 » ou « Bref état de compte
présenté au roi par les prévôt des marchands et échevins
de la Ville de Paris, de leur administration de tous les
biens et revenus appartenant à ladite Ville pendant les
deux années du mois d'août 1778 à pareil mois 1780
(1ʳᵉ prévôté de M. de Caumartin)»: 32 chapitres de recettes,
41 de dépenses, 360.000ˡ de droits et honoraires des officiers du corps de Ville, 19.000ˡ de dépense pour la bibliothèque de la Ville, 55.000 pour la salle de l'Opéra, 110.000
pour la nouvelle salle de la Comédie française, 715.000
pour l'Académie royale de musique, acquisition de
3 maisons, rue Tixeranderie, pour le « nouvel Hôtel de
Ville », etc; budget montant à 16 millions de recettes et
14 millions de dépenses ; 152 p. avec tableau récapitulatif.

121. (CC2) id. — 46 pièces parch.

1467-1688. Caisse : mandats de paiement relatifs à l'entreprise
du « grand boulevard sur la rivière de Seine » (1556), aux
affaires militaires, aux fontaines, au pavage, au greffe,
au festin donné aux ambassadeurs suisses (1603) ; et reçus
donnés à la Ville ou par la Ville : reçu d'un échevin pour
son « droit de dragées, hypocras et cire » (1619), reçus de
rentes donnés par l'Hôtel-Dieu, l'hôpital du St-Esprit,
les Quinze-Vingts, l'église St-Paul, l'abbaye de Montmartre,
le couvent des Célestins, Michel Le Tellier (1656), le
prévôt des marchands Luillier, les Gobelin, la communauté des avocats au Parlement, etc., reçus donnés au roi.

122. (CC2) id. — 5 pièces parch.

1721-46. Papiers Meulan de la Sourdière (payeur des rentes de
l'Hôtel de Ville).

123. (DD2) **Eaux**. — 4 pièces pap., 5 impr.

1769-89. Pièces relatives au projet du canal de l'Yvette et à
l'entreprise des frères Perrier (1).

(1) Réponse du comte de Mirabeau à l'écrivain des Administrateurs de
la Compagnie des Eaux de Paris (Bruxelles, 1785, in-8).

124. (DD3) **Ports**. — 2 pièces pap.

1765. Minute d'un rapport de l'architecte Moreau relatif au
port St-Paul (avec croquis).

125. (DD4) **Constructions publiques**. — 3 pièces pap.

1605-89. Lettre de Villeroi-Neufville à François Miron sur les
portes de la Tournelle et du Temple et sur les troubles
qui ont eu lieu (1605) ; règlements relatifs à la clôture de
Paris ; projet d'établissement de l'Hôtel de Ville au carre-
four de Buci (1749), autre pour l'ouverture de la place
Louis XV entre les rues de Ste-Croix-de-la-Bretonnerie
et de la Tixeranderie et la construction de l'Hôtel de Ville
sur cette place (10 f., s. d.) ; ouverture de marchés.

126. (DD5) **Voirie** (1). — 1 pièce pap., 9 impr.

1716-56. Plans généraux (Ville et subdivisions) : Paris (plan
de Turgot en 21 pl., etc. : 6), la Cité et îles Louviers et
St-Louis ; Grenelle.

127. (DD5) id. — 9 pièces impr.

1663-1788. Réglementation : ouverture des voies et aligne-
ments, nettoiement, pavage.

128. (DD5) id. — 6 cartons (2).

1765-89. Entreprise du pavage et dossiers de voirie par rues
(actes royaux, rapports, etc.; ouverture des voies, pavage, etc). : rue de l'Arcade (réclamation du prince de
Soubise), enclos de l'Arsenal (réclamation de Males-
herbes), rue de Bondy (arrêt autorisant l'emploi d'une
partie des Magasins de la Ville pour les décors et cos-
tumes de l'Opéra), rue de la Chaussée-d'Antin (réclamation de la Guimard), rue de Monsieur (propriété de Bron-
gniart), rue de la Pépinière (réclamations de Pajou, Pigalle),
rue du Faubourg Poissonnière (réclamation de Hou-
don), etc., etc.; nombreux plans.

129. (DD5) id. — 26 pièces parch., 32 pap., 5 impr.

1483-1787. Histoire particulière des rues et maisons : quai
d'Anjou (mandement de Louis XV, 1759), rue Chante-

(1) Pour la série DD5 il y a lieu d'avertir qu'un grand nombre de pièces
anciennes du xvi⁰ au xix⁰ siècle existent aussi dans les papiers de Bru-
nesseau (inspecteur général du nettoiement) et dans les cartons des expropriations de la Ville et ceux de l'avoué Duplan, qui ont dû prendre place
dans la série moderne de la voirie (O1).

(2) Versés par le service de l'inspection des caux.

reine (pavage, 1781), rue Mauconseil (adjudication de
terrains de l'hôtel de Bourgogne, 1553), rue de Richelieu
(démolition de l'hôtel Louvois, 1787), rue du Roi-de-Sicile
(hôtel de la Force, 1713), etc.

130. (EE1) **Affaires militaires**. — 2 pièces parch., 1 pap.
1590-1687. Guerres et fortifications : lettre de Mayenne au prévôt
des marchands le priant de ne laisser entrer dans Paris
aucun de ses soldats non pourvu de passeport (1590); acte
de Louis XIII qui concède un terrain faisant partie des
remparts et fossés de la Ville (1626); pièce relative à des
travaux faits au grand arsenal de la Ville de Paris.

131. (FF) **Justice et Police**. — 13 pièces impr.
1716-89. Règlements relatifs aux privilégiés de la Ville de
Paris ; sentences de la prévôté et extraits des pièces justi-
ficatives de la juridiction du Bureau de la Ville par Le
Pelletier de Saint-Fargeau (1764, 44 p.); etc.

132. (GG2) (1) **Instruction**. — 1 pièce pap., 1 impr.
1747-89. Pièces relatives au concours général entre les élèves
des collèges et à l'instruction des femmes.

133. (GG3) **Assistance**. — 2 pièces impr.
1787. Établissement de quatre hôpitaux.

134. (HH1) **Agriculture**. — 1 pièce parch., 31 pap.,
5 impr.
1555-1788. Halles et marchés : réformation des Halles (1555),
carte des rivières qui servent à l'approvisionnement de
Paris levée par ordre de la prévôté des marchands
(2 f., 1785), etc.

135. (HH3) **Commerce**. — 10 pièces impr.
1715-89. Règlements et ouverture d'établissements : affiche
concernant les corporations (1694), tarif des droits dus
aux « communautés d'officiers sur les ports, halles et
marchés » (82 p. in-f°), mémoire présenté au roi par les
six-corps (1788), etc.

(1) Il a paru inutile de noter à GG1, comme aussi à D* ou E, l'accroisse-
ment du fonds spécial de la Reconstitution des actes de l'état civil.

VILLE. — PERIODE RÉVOLUTIONNAIRE (1).

136. (D1°) **Commune provisoire.** — 1 pièce pap., 28 impr.
1789-90. Lois et arrêtés du gouvernement.
137. (D1°) id. — 31 pièces impr.
1789-90. Délibérations municipales : extraits des registres du
Conseil de Ville *, etc.

138. (D1°) id. — 1 pièce pap., 23 impr.
1789-90. Organisation et personnel : exemplaires annotés du
règlement général pour la municipalité, « Observations »
[sur le règlement] (s. l. n. d., 2 p. in-4) *, « Observations
à Messieurs les électeurs de Paris... » (s. l. n. d., 8 p. in-8)*,
« Réflexions sur la permanence des assemblées générales
des districts de Paris par M. Peuchet » (s. l. n. d., 7 p.
in-8) *, minute de l'adresse des représentants de la Commune à l'Assemblée nationale expliquant les causes de
leur démission et la nécessité d'une organisation nouvelle
(12 avril 1790), etc. (2).

139. (D1°) id. — 11 pièces impr.
1789-90. Événements politiques (de juillet et oct. 1789) *, de
juillet et août 1790 * : « Le Tulerunt ou ... l'insurrection
de la Ville de Paris contre le roi » *, Paris, 1789, in-8,
33 p.

140. (D1°) id. — 10 pièces impr.
1789-90. État civil, commerce, subsistances, statistique, finances
et domaines nationaux (« compte du département municipal provisoire des impositions... », 41 p. in-4,
1790 *, etc.)

(1) Ceux des documents entrés dans le dépôt depuis 1889 qui n'ont pas
été inventoriés ici figurent dans la publication suivante : Inventaire sommaire des Archives de la Seine, partie municipale, période révolutionnaire.
Fonds de l'administration générale de la Commune et de ses subdivisions
territoriales (série D) analysés par M. Marius Barroux.
(2) Exposé des travaux de l'Assemblée générale des représentants de la
Commune de Paris... rédigé par M. Godard.... (Paris, 1790, in-8). — Suite
de Mémoires et observations demandés par M. le maire de Paris à M. de
Corny... sur divers objets concernant la juridiction et l'administration de
la municipalité..., nos I et III (Lottin, 1790, in-8 *).

141. (D1º) id. — 1 pièce pap., 26 impr.
1789-90. Garde nationale : organisation, etc. (1).

142. (D1º) id. — 15 pièces impr.
1789-90. Police (ordonnances*, jugements du tribunal de police, confirmation d'un règlement de la municipalité d'Aubervilliers, etc.), élections, comptabilité, établissements publics (le Petit St-Antoine, etc.).

143. (D1º) id. — 1 pièce pap., 5 impr.
1789-90. Travaux (place de la Bastille, etc.), cultes, lettres (bibliothèque de la Ville) et arts.

144. (D2º) **Commune de 1790-an IV.** — 71 pièces impr.
1790-an IV. Lois et arrêtés du gouvernement.

145. (D2º) id. — 7 pièces pap., 66 impr.
1790-an II. Délibérations municipales : procès-verbaux des séances du Corps municipal*, rapport sur l'organisation des bureaux (16 juin 1791, 47 p.), etc.

146. (D2º) id. — 2 pièces pap , 11 impr.
1790-an II. Organisation et personnel : rapports * sur l'organisation de la police, des archives, du greffe; « questions à proposer au Comité de constitution » *, etc.

147. (D2º) id. — 2 pièces pap., 17 impr.
1791-an II. Événements politiques (de 1791, 1792, 1793 et de l'an II : Adresse présentée à la Convention par le Comité central révolutionnaire des sections de Paris, le 2 juin 1793, affiche *, etc.), commerce, subsistances, finances et domaines nationaux.

148. (D2º) id. — 6 pièces pap., 11 impr.
1790-an III). Affaires militaires : invention Brun de Condamine, « projet de règlement militaire pour la force armée de Paris », s. l.; [1792], in-4*, état de la 1re compagnie du 5e bataillon de Paris (1793), défense du 11e bataillon (1793), etc. (2).

149. (D2º) id. — 17 pièces pap., 12 impr.
1790-an II. Police : « Procès-verbal des commissaires des sections nommés pour faire le recensement de leurs délibéra-

(1) Travail du Comité militaire composé sur la demande de M. de La Fayette... (Paris, 1789, in-4, 100 p.) *.
(2) Procès-verbal de la formation et des opérations du Comité militaire de la Ville de Paris (Paris, 1790, in-4).

tions sur l'organisation de la police de Paris » (s. l., [1792], 26 p. in-4)*, procès-verbaux des administrateurs du département de police, jugements du tribunal de police, etc.

150. (D2º) id. — 2 pièces pap., 11 impr.

1790-92. Élections, comptabilité (dépenses des départements et des sections), établissements publics (marché aux chevaux, plan; clôture de Paris).

151. (D2º) id. — 15 pièces parch., 130 pap., 1 impr.

1773-an III. Travaux : dossiers du service du pavage et du service des eaux, 1789-an III (théâtre de Monsieur, plans de rues, distributions d'eau, etc.); histoire particulière des rues et maisons (1773-an III).

152. (D2º) id. — 2 pièces pap.

1792. Cultes, lettres (lettre d'Ameilhon relative à une bibliothèque des Jacobins).

153. (D3º) **Bureau central**. — 1 pièce pap., 1 impr.

An V. Lois et arrêtés du gouvernement.

154. (D3º) id. — 6 pièces pap., 7 impr.

An VI-an VII. Délibérations du Bureau central; conférences.

155. (D3º) id. — 12 pièces pap., 12 impr.

An IV-an VIII. Organisation générale (plan de Paris, 1797), état civil, commerce, finances, affaires militaires, police (fêtes : morceaux de musique; etc.), établissements publics, travaux publics (eaux), cultes.

156. (D3º) id. — 2 pièces pap., 6 impr.

An IV-an VIII. Assistance : compte de l'agent comptable du revenu des indigents (an VII, impr., 22 p. in-4), état général des filles-mères de l'an II à l'an VIII (16 f.), etc.

157. (D3º) id. — 3 pièces pap.

An VII. Arts : « Vues sur l'Opéra », par le citoyen Baume [an VII], « Réflexions rapides sur l'Opéra avec quelques moyens d'augmenter ses produits » (s. d.), « Travail sur un nouvel état matrice projeté pour le théâtre des Arts » (s. d., étude détaillée des dépenses avec appréciation sur les différents artistes).

158. (D4º a) **Districts**. — 10 pièces pap., 11 impr.

1789-90. Procès-verbal d'arrestation d'un prêtre, « Mémoire pour l'établissement d'un collège dans la maison de St-Louis-de-la-Culture, etc. », (s. d., in-8, 8 p.)*, etc.

159. (D4° b) **Sections**. — 132 pièces pap., 20 impr., 3 reg.
1790-an IV. Sections en général (circulaire de Bailly pour l'uni-
formité de la police, etc.); Beaubourg (« Observations
réglementaires sur l'accaparement des blés », [1791], 8 p.
in-8 *, etc.), Bibliothèque (« Réponse à la proclamation
de la Convention nationale du 4 vendém. an IV par l'Assemblée primaire et permanente de la section * », affiche),
Faubourg du Nord (délibération, 14 janv. 1793), Finistère
(« Adresse des commissaires composant le comité civil
de la section du Finistère à la Convention nationale »,
an III, 4 p. in-8 *), Fontaine de Grenelle (voirie : procès-
verbal de pose de plaque), Gravilliers (procès-verbaux des
séances du comité en l'an III, cahier), Halle au blé
(12 pièces), Lombards (procès-verbaux du comité perma-
nent, 1792-93, 90 f., reg. in-f°), Louvre (comptes de 1789
à l'an II, reg. in-f° de 289 p. et 4 cahiers, registre de la contribution civique pour la guerre, 1793, 49 f. in-f°, etc.),
Marchés (26 p. : dons patriotiques, cahier, etc.), Thermes
(remise d'armes, an IV, cahier), etc.

160. (D4° c) (1) **Arrondissements anciens**. — 580 pièces
pap., 1 impr., 2 reg.
An III-an VIII. Municipalités en général et municipalités
des 1er, 2e et 3e arr. : enregistrement et analyse des lois
et arrêtés du gouvernement (an IV-an VI, 2 reg. in-f°,
du 3e arr.?), délibérations, organisation et personnel,
état civil (comptabilité), finances, affaires militaires
(convocations faites par le commissaire du Directoire,
228 p., etc.), police (demandes et autorisations de rési-
dence dans le 3e arr., 221 p.; etc.), élections, comptabilité.

161. (D4° c) id. — 992 pièces pap., 2 impr.
An IV-an VIII. Municipalité du 4e arr. : délibérations (24 p.),
correspondance générale (an IV-an VII, 2 reg. in-f°) (2),
organisation et personnel (14 p.), état civil (5 p.), finances
et domaines nationaux (4 p.), affaires militaires (procès-
verbaux d'élections des compagnies, an VI, recensement
des chevaux, cahier, etc., 51 p.), police (fêtes, émigrés et

(1) Les pièces classées dans cette division ont été mentionnées d'une
façon particulièrement sommaire, parce qu'elles se trouvent comprises
dans l'inventaire général des fonds des arrondissements qui doit paraître
à une date très prochaine.
(2) Un troisième registre appartenant au fonds de la période préfectorale
s'étend de l'an VII à l'an X.

suspects, fixations de domicile, etc., 794 p.), élections
(procès-verbaux, 62 p. ou cahiers), comptabilité (compte
de gestion, etc., 4 p.), établissements publics (13 p.),
travaux (3 p.), cultes (pétition de théophilanthropes, etc.,
5 p.), assistance (8 p.), instruction (7 p.).

162. (D4° c) id. — 628 pièces pap., 1 reg.
An IV-an VIII. Papiers du commissaire du Directoire près
le 4ᵉ arr. : rapports décadaires et autres rapports à lui
adressés par les commissaires de police, correspondance
générale (1 reg. in-f°.), lettres reçues classées par matières
et projets de lettres.

163. (D4° c) id. — 39 pièces pap., 1 impr.
An IV an-VIII. Municipalités des 5ᵉ, 6ᵉ, 7ᵉ 9ᵉ, 10ᵉ et 11ᵉ arr. :
délibérations, état civil, commerce, finances, affaires militaires (état de conscrits du 6ᵉ arr., 1 cahier, etc.); police
(état des passeports délivrés par la 6ᵉ municipalité,
3 cahiers; etc.), assistance.

VILLE. — PÉRIODE PRÉFECTORALE

164. (D1) **Séances du Corps municipal.** — 1 pièce pap.
1856. Lettre relative à l'accouchement de l'impératrice.

165. **(D3) Organisation générale et histoire.** — 11 pièces pap., 6 impr.
1802-49. Plans généraux de Paris (1802 et 1823). — Révolu-
tion de 1830 (2 p.), de 1848 (12 p. : lettre de Caussidière
demandant à être relevé de ses fonctions de préfet de
police, arrêté signé par les membres du gouvernement
provisoire, lettre relative à la Banque, lettre d'Armand
Marrast faisant part à la Commission municipale de sa
démission de maire, lettre du président de l'Assemblée
nationale, etc.); arrivée à Paris des cendres de Napoléon
(1840, 1 p.).

166. (D3) id. — 189 pièces pap., 10 impr., 1 reg.
1871. Commune : opération des caisses de la Commune
(1ʳᵉ, 2ᵉ, 3ᵉ et caisse centrale) du 20 mars au 29 avril

(4 cahiers en un reg. in-f°, de 17, 34, 14 et 12 f.); affiches de la Commune (4 numéros) ; « Programme » de la Commune, 19 avril ; demande de suppression ou de transformation du Comité de salut public, 9 mai ; nomination d'inspecteur de l'hygiène et de la salubrité ; états de la Grande prévôté et rapports de gendarmerie et de police faits à Versailles, note relative à Saint-Denis et à Saint-Ouen, etc. (1).

167. (F2) **Commerce**. — 1 pièce pap., 41 reg.
1824-65. Lettre du ministre de l'Intérieur au préfet, « son ami », relative au tourniquet de la Bourse (1860). — Livres de commerce de M. Asse, marchand de tableaux et d'objets d'art (41 reg. in-f°, de 1824 à 1865).

168. (H2) **Administration militaire**. — 7 pièces pap.
1841. Fortifications de Paris : critique du projet par le maire de Bercy, le chef de bataillon du génie Choumara, etc.

169. (H4) **Guerres**. — 8 pièces pap.
1870. Ordres du maire de Paris concernant M. Bocquet, maire du 5ᵉ arr. (4 sept., etc.), adresse de la municipalité du 17ᵉarr., etc.

170. (I1) **Police locale**. — 8 pièces pap., 4 impr.
An XIII-1841. Pompes funèbres : tarif des droits (an XIII).

171. (K3-5) **Relations officielles et élections**. — 7 pièces pap., 1 impr.
An X-1856. Fête donnée à la garde impériale (1809) et autres fêtes (1821); lettre du curé de St-Laurent; circulaires pour les élections (an X-1848).

172. (M1-2) **Établissements publics**. — 9 pièces pap., 1 impr.
An VIII-1810. Halle au Blé et marché St-Honoré; abattoir; jardin des Tuileries; cimetière Montparnasse.

173. (N4) **Propriétés**. — 1 pièce impr.
1861. Concert des Champs-Élysées.

174. (O1-3) (2) **Travaux publics**. — 6 pièces pap., 7 impr.

(1) Journal officiel de la Commune (en feuilles).
(2) Voir pour le don de la collection Lazare-Montassier : Les papiers des frères Lazare aux Archives de la Seine par L. Lazard, Saint-Denis, 1895, in-8 (extr. de la *Correspondance historique*).

An XII-1869. Voirie : lettre du préfet relative à la place
 Louis XVI ; projet d'une place de la Bastille (plan),
 expropriations pour le percement de la rue de Rivoli
 (24 pièces en un cahier), lettre de Guizot, etc. ; eaux.

175. (P1) **Culte catholique.** — 5 pièces pap.
An X-1840. Lettres de Portalis et des archevêques Maury et
 Affre (relatives aux pompes funèbres, etc.).

176. (Q1-4) **Assistance.** — 3 pièces pap., 4 impr.
1806-49. Bureaux de bienfaisance; secours accordés aux bou-
 langers en 1817; hôpital St-Louis (« emblèmes du
 gouvernement de Buonaparte »), etc.; lettre du ministre
 réclamant un rapport sur la direction du Mont-de-Piété.

177. (R2) **Lettres et arts.** — 3 pièces pap.
1811-69. Reçu de Prud'hon pour les dessins du berceau du
 roi de Rome et lettre de Berthier relative aux couronnes
 que la Ville doit donner aux vainqueurs d'Austerlitz;
 publications.

178. (V *bis*) **Mairies des anciens arrondissements.** —
 28 pièces pap., 4 impr.
An VIII-1870. — 1er arr. (assistance : procès-verbal du Comité
 central, compte du Comité des Tuileries); 2e (affaires militaires : logement des alliés, 1814-15); 3e (affaires militaires : lettre de Jules Favre relative au chauffage,
 31 déc. 1870); 6e (commerce : an XIV, 3 cahiers;
 affaires militaires : « certificats de conscription, an IX
 an-XII, 2 cahiers, « maladies et infirmités qui s'opposent
 à l'admission au service », etc.; instruction : état des
 maisons d'éducation, an IX); 9e (organisation; délivrance
 et comptabilité des copies d'actes de l'état civil, an XIII;
 personnel : correspondance concernant un adjoint ; assistance : procès-verbal du Comité central, etc.); 10° (affaires militaires : autorisation donnée par le maire à un
 tapissier de se faire délivrer par le Garde-Meuble des
 rideaux pour l'hôtel du général comte de Goltz, avril 1814;
 assistance : compte sommaire du bureau de charité);
 12e (affaires militaires : magasins).

FIN,

TABLE SOMMAIRE.

(Les chiffres renvoient aux numéros d'ordre).

———

FIN DE LA TABLE

SAINT-DENIS. — IMPRIMERIE H. BOUILLANT, 20, RUE DE PARIS.

www.ingramcontent.com/pod-product-compliance
Lightning Source LLC
Chambersburg PA
CBHW060747280326
41934CB00010B/2384